考古学
上所见
辽之文化图谱

[日] 鸟居龙藏

著

赵省伟

主编

王雨柔

译

北京日报出版社

图书在版编目（CIP）数据

考古学上所见辽之文化图谱 / (日) 鸟居龙藏著；
赵省伟主编；王雨柔译. -- 北京：北京日报出版社，
2025.1.-- (东洋镜). -- ISBN 978-7-5477-5002-5

I . K293.1-64

中国国家版本馆CIP数据核字第2024Q98P60号

出版发行：北京日报出版社
地　　址：北京市东城区东单三条8-16号东方广场东配楼四层
邮　　编：100005
电　　话：发行部：(010) 65255876
　　　　　总编室：(010) 65252135
责任编辑：江起宇
特约编辑：樊鹏娜　熊丹雯
印　　刷：三河市九洲财鑫印刷有限公司
经　　销：各地新华书店
版　　次：2025年1月第1版
　　　　　2025年1月第1次印刷
开　　本：787毫米×1092毫米　　1/16
印　　张：20
字　　数：200千字
印　　数：1—2000
定　　价：188.00元

出版说明

鸟居龙藏，日本著名人类学家、考古学家，曾任教于日本东京大学、上智大学，著有《满蒙的探查》《西南中国行纪》《苗族调查报告》等。20世纪初期，他深入中国东北、中国台湾等地区进行田野调查，记录和研究当地民族的历史、文化，沿途拍摄了大量照片，为东亚古代历史和文化研究提供了宝贵资料。

本书首版于1936年，由东方文化学院东京研究所印发，为鸟居龙藏在华考察精华图录之一。共分四册，照片内容涵盖了以辽都上京为中心的遗迹遗址、辽代庆州城遗址、辽代长城、多座辽代陵墓等。

一、本书由四册图谱构成，每册开头均有作者所作说明，照片共计三百余张。本次出版略作调整，将原书分为四章，原第四册中关于西陵的内容归入第三章。

二、由于年代已久，书中部分照片褪色。为更好地呈现出照片内容，对照片效果进行了统一处理。

三、由于能力有限，书中个别地名无法查出，便采用音译并注明原文。

四、由于原作者所处立场、思考方式与观察角度不同，书中有些观点和我们的认识有一定出入，为保留原文风貌，未作删改，但这不代表我们同意他的观点，相信读者能够理性鉴别。

五、由于资料繁多，在统筹出版过程中不免出现疏漏、错讹，恳请广大读者批评指正。

六、书名"东洋镜"由杨葵老师题写。

编者

目 录

第一章

以辽都上京
为中心的遗迹遗址

说　明

本图谱为《考古学上所见辽之文化》一书附录,主要为与正文相对应而出版。我殷切地期望读者们在阅读正文的时候,能将此图谱放置于身旁,以备查阅。

第一章展示了以辽的上京都城为中心的遗迹遗址。

图1—3展示了西拉木伦河以及架立于此处的潢水石桥遗址。西拉木伦河与辽代的上京关系密切,该河流域也正是契丹(辽)的发源地。立于此处的潢水石桥,是辽最为重要的交通要地。从北宋远道而来赴辽的使者们,都必经此处的潢水石桥。图3为清时巴林王所建造的新石桥。

图4—22主要展示了辽代上京都城的形貌,以及城中的石佛、石狮子、坟墓等。上京都城是一座土城,呈四角形,东南西北各有一扇门,曾是辽代非常繁荣的都城。我在1908年的时候曾来此做过调查,当时这里还依稀保存着一些往昔的样子,现在因为附近修建了林东镇,往昔的景象大多已不复存在。不过,站在这里,还是能勾起许多关于往事的回忆。城中有许多残存的建筑物遗址、瓦片、砖块以及古铜钱等文物,其中还有一座观自在菩萨石像立于城中。接近西侧城墙的地方有一处自然丘陵景观,这里有三座古墓。此外,还残存刻有碑文的龟形碑石以及一些古建筑遗址。

图23主要展示了位于城外西侧的乌尔吉木伦河畔的佛顶尊胜陀罗尼经幢。这座陀罗尼经幢现在被搬运去了奉天省(今辽宁省)的旧汤氏府邸(汤玉麟公馆)内。

图24—26主要展示了辽代各个土城内残存的北宋时代的陶瓷器碎片。

图27—29主要展示了辽代上京都城北侧土丘上的砖塔。

图30—49主要展示了辽代上京都城南侧土丘上的砖塔。这座位于南侧土丘上的砖塔,表面刻有金刚界曼荼罗的图像,在有关密教的研究中是非常值得注意的一点。此外,其表面还展示了道教天尊的面貌。

图50—62主要展示了辽代的阿鲁召(Arguiburjio)古寺①。首先映入眼帘的是古寺全景,其入口处有一座雕刻了执金刚神的天然石门,附近还有残存的大日如来、罗汉石像,更深处的岩窟中还有释迦涅槃石像。此外,有两座佛顶尊胜陀罗尼石碑。菊竹实藏曾经将其中一座石碑的拓本赠送给我(图59)。如今,这座陀罗尼石碑被汤玉麟的儿子拿走了。图60的拓本是我后来拓的。另一座佛顶尊胜陀罗尼石碑(图61)现在留存于阿鲁召入口的石门旁。

---

① 即现在的巴林左旗后召庙。 —— 译者注

图63—66展示了哈布齐尔庙（Habachir Temple）[1]中残存的陀罗尼经幢。经幢各面刻有《毗卢遮那佛大灌顶光真言》（即《大光明咒》）《庄严宝王经六字大明陀罗尼》《无垢净光大陀罗尼经》，各以拓本展示。经幢上隐约还有"丙戌十五年"字样能勉强辨认，具体的年号已经磨损殆尽。查阅"丙戌十五年"可知为辽兴宗重熙十五年（1046年），应为该陀罗尼经幢的修建时间。

图67—82展示了勿布尔召（Uburguiburjo）[2]古寺的全貌及残存的陀罗尼经幢。首先是雕刻在岩上的佛顶尊胜陀罗尼经幢及幢座上的石雕。幢座上还雕刻了凤凰、迦陵频伽等，展现了当时的时代面貌。该陀罗尼经幢还刻有辽天祚帝乾统九年（1109年）的年号。

佛顶尊胜陀罗尼位于正中央，左右分别雕刻着清净法身毗卢遮那佛、圆满报身卢舍那佛、千百亿化身释迦牟尼佛。另外还有佛弟子们围绕金刚界的四佛奏乐、礼拜之景的雕刻。还有一些经幢的幢身已经遗失，只剩下幢座部分，上面雕刻着牡丹、飞天、佛舞以及向塔礼拜的人，展现了当时的时代风貌。

图82—86展示了翁戈查奥拉（Ongocha Ola）佛顶尊胜陀罗尼经幢所在位置以及陀罗尼经幢的拓本图像。

---

[1]位于今巴林左旗查干哈达苏木境内的哈巴其拉山谷中，为辽代弘福寺院址。——译者注
[2]即巴林左旗前召庙，今仅存遗址。——译者注

图1.西拉木伦河（辽代的潢水）全景及辽代潢水石桥遗址

A

B

图2.辽代潢水石桥遗址（A）及石桥旁残存的石碑（B）

图3.潢水石桥遗址上的巴林石桥（A）及巴林石桥局部（B）

图4.兴安西分省①小巴林的辽都上京全景

___

①民国时期行政区划，省会在开鲁县（今内蒙古开鲁县）。—— 译者注

图5.从乌尔吉木伦河畔眺望辽都上京的西城墙

图6.从辽都上京东城墙眺望东面乌尔吉木伦河一带

图7.辽都上京城墙遗址，城墙由未经焙烧的泥砖建造

图8.辽都上京西城墙与城门遗址

图9.从乌尔吉木伦河对岸眺望辽都上京的城墙

图10.辽都上京城内残存的观自在菩萨石像（远景）

图11.观自在菩萨石像（正面）

A

B

图12.观自在菩萨石像的背面（A）以及侧面（B）

C

D

图13.观自在菩萨石像的脚部（C）以及头部（D）

图14.朝鲜开城附近发现的高丽时代铜版观自在菩萨像，以小字刻有《摩诃般若波罗蜜多心经》

图15.辽都上京城内残存的石狮子

图16.辽都上京城内残存的土制佛首（A）及佛堂的石阶（B）

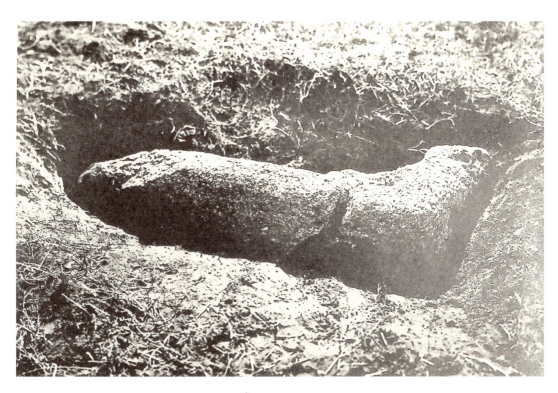

图17.辽都上京城内残存的石棺碎片

图18.辽都上京城内西侧土丘上残存的三座墓穴

图19.三座墓穴中最右侧的一座（A）及其内部（B），入口大小可由图中站立之人高度判断

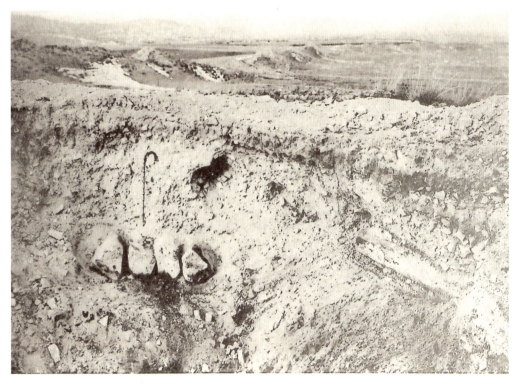

图20.三座墓穴中位于中央的一座其内部（A）及其石柱（B）

图21.三座墓穴前残存的龟形碑石的正面及侧面（Ａ）、侧面及背面（Ｂ）

图22.三座墓穴前残存的龟形碑石的头部、足部及尾部

图23.辽都上京附近乌尔吉木伦河畔残存的佛顶尊胜陀罗尼经幢

图24.出土于辽代各城镇的北宋陶瓷器残片

图25.出土于辽代各城镇的北宋陶瓷器残片

图26.出土于辽代各城镇的北宋陶瓷器残片

图27.位于辽都上京以北土丘上的八角砖塔的南面（正面）

图28.八角砖塔北面

图29.八角砖塔上层

图30.八角砖塔全景,塔面刻有金刚界曼荼罗像

图31.八角砖塔全景

图32.八角砖塔下层（东南、南、西南面）

图33.八角砖塔南面的观自在
菩萨像及裸体人像,本图将左
下照片进行了放大处理

图34.八角砖塔下层（西南、西、西北面）

图35.八角砖塔下层（南、西南、西面）

图36.八角砖塔下层（东、东南、南面）

图37.八角砖塔东面（阿閦佛①像缺损）

---

①阿閦（ā chù）佛，又称不动如来，是五方佛中的东方佛。—— 编者注

图38.八角砖塔东面缺损的阿閦佛像头部

图39.八角砖塔东面的阿閦佛像旁的迦陵频伽[①]

---

①迦陵频伽,是佛教的一种神鸟,声音美妙动听。—— 编者注

图40.八角砖塔南面的宝生佛①

①宝生佛,是五方佛中的南方佛。—— 编者注

图41.图40宝生佛放大图

图42.八角砖塔西面的阿弥陀佛①

①阿弥陀佛，是五方佛中的西方佛。—— 编者注

图43.八角砖塔北面的不空成就佛①

①不空成就佛，是五方佛中的北方佛。—— 编者注

图44.八角砖塔东南面

图45.八角砖塔东北面

图46.八角砖塔西南面

图47.八角砖塔西北面

图48.八角砖塔大门

图49.八角砖塔下方四角的明王石雕碎片

图50.阿鲁召古寺一带的地形及其遗址

图51.阿鲁召古寺全景

图52.阿鲁召古寺天然石门上雕刻的执金刚神

图53.阿鲁召古寺天然石门上雕刻的执金刚神

图54.阿鲁召古寺天然石门上雕刻的执金刚神（A为图53石刻近景，B为图52石刻近景）

图55.阿鲁召古寺的释迦涅槃石像

图56.涅槃石像后壁的僧侣像石雕

图57.阿鲁召古寺残存的罗汉石像

图58.阿鲁召古寺残存的金刚界大日如来大理石像

图59.阿鲁召古寺残存的佛顶尊胜陀罗尼石碑拓本

图60.阿鲁召古寺残存的佛顶尊胜陀罗尼石碑拓本

图61.阿鲁召古寺残存的佛顶尊胜陀罗尼石碑碎片、拓本

A

B

图62.阿鲁召古寺岩面掘造的石室（A）与石室内的石柱残骸、放置佛像的须弥坛（B）

图63.庙内残存的陀罗尼经幢。经幢高度约为三尺五寸八分①，背后刻有"丙戌十五年"
（重熙十五年，1046年）

---

①此处应为日本单位，换算后约为120厘米。 —— 译者注

图64.刻有《无垢净光大陀罗尼经》《毗卢遮那佛大灌顶光真言》《佛说大乘庄严宝王经》的经幢

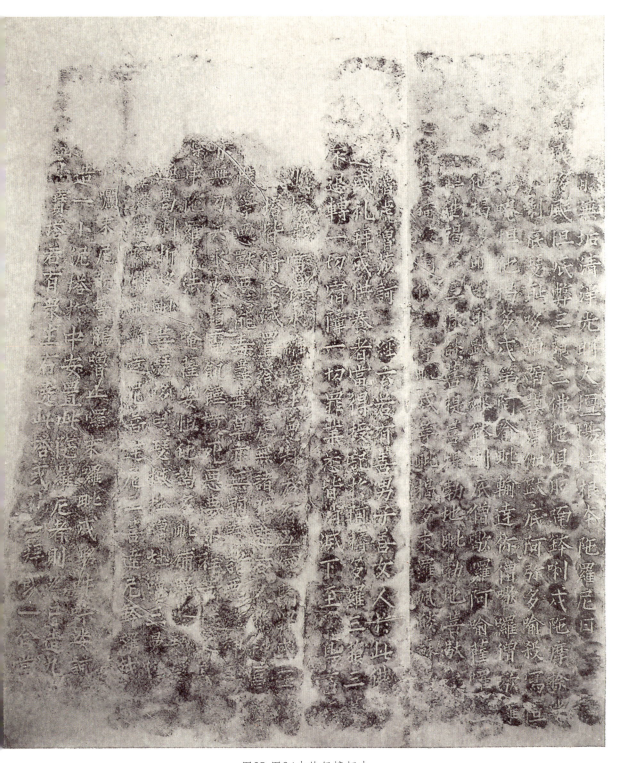

图65.图64中的经幢拓本

图66.刻有《毗卢遮那佛大灌顶光真言》《佛说大乘庄严宝王经》的经幢拓本

图67.辽都上京遗址勿布尔召古寺全景,左侧的石室旁边为陀罗尼经幢

图68.图67中的经幢,八角形,高度约为二尺八寸四分①。岩石上的孔为原六角堂的柱痕

①此处应为日本单位,换算后约为95厘米。 —— 译者注

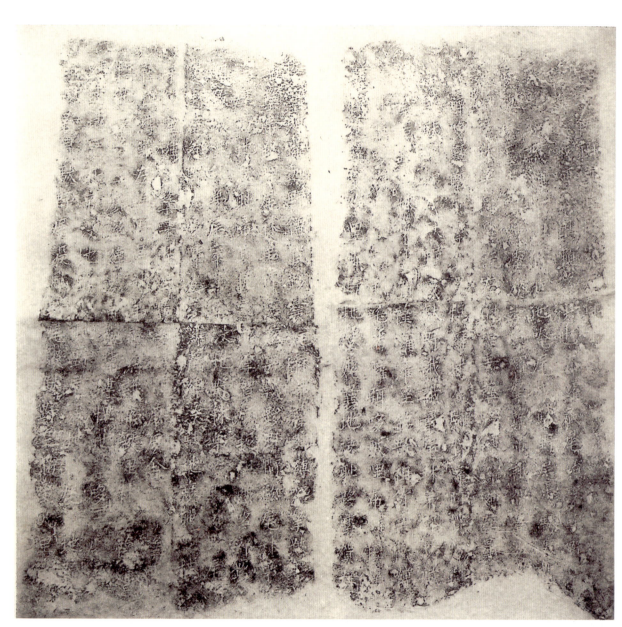

图69.图67中刻有《佛顶尊胜陀罗尼经》的经幢拓本，上面刻有辽代天祚帝乾统九年（1109年）十月三日的铭文

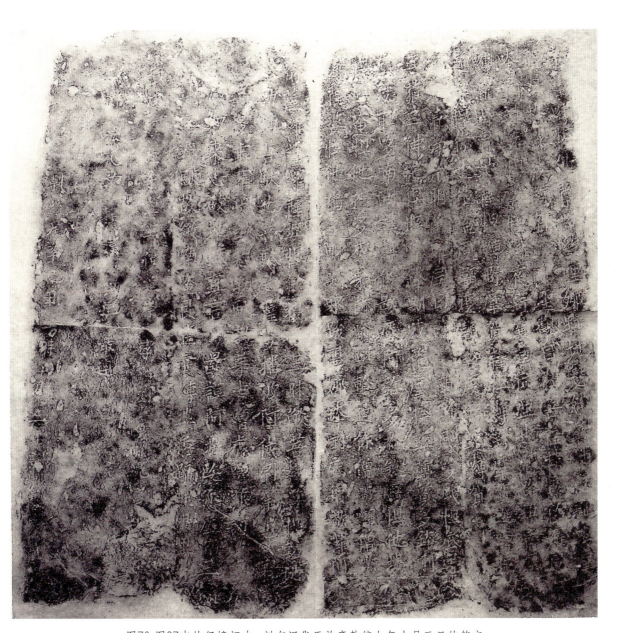

图70.图67中的经幢拓本，刻有辽代天祚帝乾统九年十月三日的铭文

A双龙戏珠图

B凤凰啄花图

图71.图68中陀罗尼经幢台座（四角形）上的雕刻图样

C迦陵频伽与珠宝图

D双狮夺珠图

图72.图68中陀罗尼经幢台座上的雕刻图样

图73.勿布尔召古寺内残存的
佛顶尊胜陀罗尼经幢（八面）

图74.图73中刻有清净法身毗卢遮那佛、圆满报身卢舍那佛、千百亿化身释迦牟尼佛佛名的幢面

图75.勿布尔召古寺内残存的刻有金刚界四佛以及佛弟子向四佛礼拜的八角经幢

图76.图75中八角经幢的幢面细节

图77.图75中八角经幢的幢面细节

图78.图75中八角经幢的幢面细节

图79.勿布尔召古寺内残存的陀罗尼经幢台座（四角形）上刻有牡丹花的一面

图80.图79中刻有于佛前载歌载舞图像的一面

A飞天

B于佛前载歌载舞的图像

图81.图79中台座雕刻的拓本

C陀罗尼塔前礼拜场景

D牡丹花

图82.图79中台座雕刻的拓本

图83.巴林左旗残存的翁戈查奥拉佛顶尊胜陀罗尼经幢，幢面高度为八尺四寸七分①

①此处应为日本单位，换算后约为282厘米。—— 译者注

图84.巴林左旗残存的翁戈查奥拉佛顶尊胜陀罗尼经幢经文拓本

图85.该幢面上雕刻的《佛顶尊胜陀罗尼经经文》

图86. 刻有《佛顶尊胜陀罗尼经》及《大光明咒》幢面的拓本

第二章

部分辽代遗迹
与金界壕遗址

说　明

　　第二章包含图87—168。图87—91展示了大布拉格山谷的城址（西楼址？[①]）、辽太祖陵墓的方位以及石棚墓等。三头山（Korban-toroghai）上也能看见这种形式的墓穴，图92—94作了相应介绍。图95主要展示了阿鲁科尔沁旗的土城。

　　图96—145展示了辽代的庆州城（今白塔子），内容包括城墙和城内的文物史迹。图146—149展示了鹿山岩石上的鹿雕。图150展示了鹿山上残存的圆形石阵。图151—156展示

①此处问号系作者所标，后同。——编者注

了鹿山以西现存辽代坟墓遗址中发现的石人、石羊、石虎等文物。图157—160主要展示了千佛石碑。

图161—168展示了巴林左旗的长城，即金界壕遗址。[1]这些长城从此处一直蔓延到东乌珠穆沁旗、外蒙古车臣汗部的东部地区，最远甚至能到黑龙江省。

图87.巴林左旗山脚下的辽太祖陵墓全景与石棚墓石室

①即在"辽长城"基础上修筑的"金长城"。—— 译者注

图88.辽太祖陵墓的石室

图89.辽太祖陵墓的石室入口及其内部

图90.辽太祖陵墓石室的侧面及背面

图91.辽太祖陵墓石室的侧面

图92.三头山沙丘上的墓穴石室

图93.墓穴石室的正面

图94.墓穴石室的侧面（A）及背面（B）

图95.阿鲁科尔沁旗公爷府西侧的辽代城墙遗址

图96.从远处眺望白塔以及庆州城

图97.从远处眺望辽庆州白塔，前方是查干木伦河（辽代的黑河）

图98.白塔以及庆州城的土墙

图99.庆州城南门的入口与白塔

图100.庆州城城墙遗址，由未经焙烧的土砖堆砌

图101.吾与吾妻于白塔前

图102.从西侧眺望白塔

图103.白塔的上层

图104.白塔的南面，有两位巡礼的蒙古族人

图105.白塔的南面，入口处有佛陀的守护神

图106.白塔的东面，两侧有佛陀的守护神

图107.白塔的西面，两侧有佛陀的守护神

图108.白塔的北面，两侧有佛陀的守护神

图109.白塔的东北面

图110.白塔的西南面

图111.白塔的东南面

图112.白塔的西北面

A

B

图113.白塔的东南面局
部（A）
与东北面局部（B）

C

图114.白塔的西南面局
部（C）
与西北面局部（D）

D

图115.白塔的三、四层

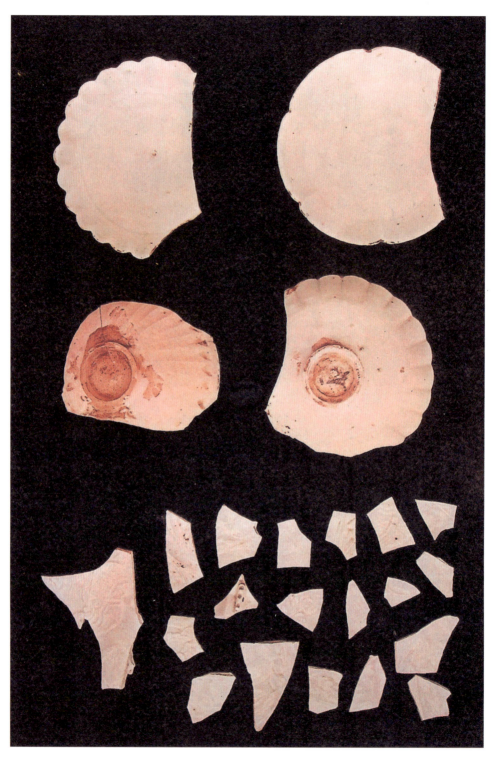

图116.辽代庆州白塔内残存的定窑瓷器碎片

A   B

图117.辽代庆州白塔附近残存的释迦牟尼佛首的侧面（A）与正面（B）

图118.辽代庆州白塔附近残存的雕刻台座

图119.残存的观自在菩萨石像

图120.刻有石像的石幢

图121.辽代庆州白塔附近残存的八角经幢

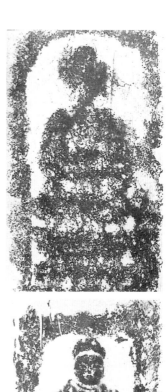

图122.图121中所示的八角经幢上的佛像拓本

图123.石佛坐像的石块

图124.白塔以及庆州城内残存的几个陀罗尼经幢

图125.八角经幢

图126.图125中的八角经幢

图127.图125中的八角经幢

图128.图125中的八角经幢

图129.图125中八角经幢的一部分（拓本）

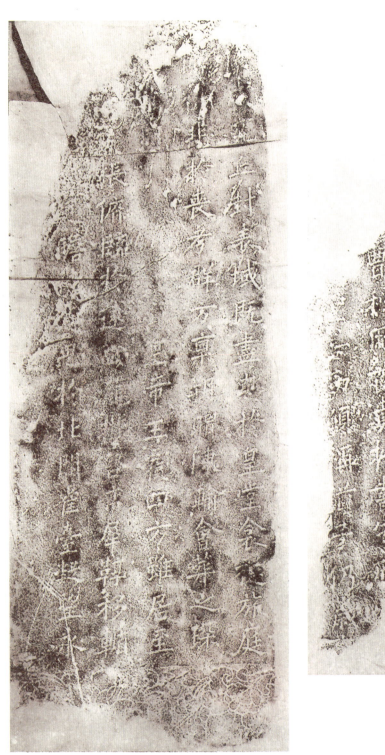

图130.图125中八角经幢的一部分（拓本）

图131.图125中八角经幢的一部分（拓本）

图132.图125中八角经幢的一部分（拓本）

图133.八角经幢

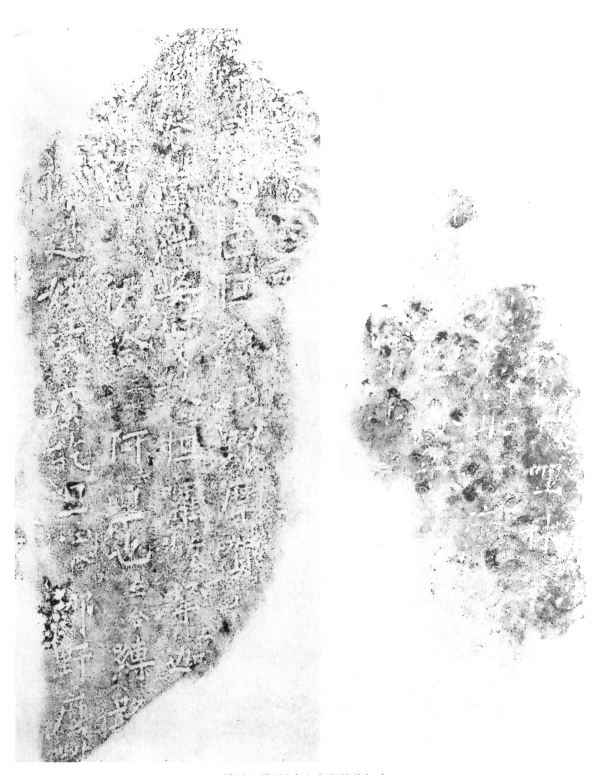

图134.图133中八角经幢的拓本

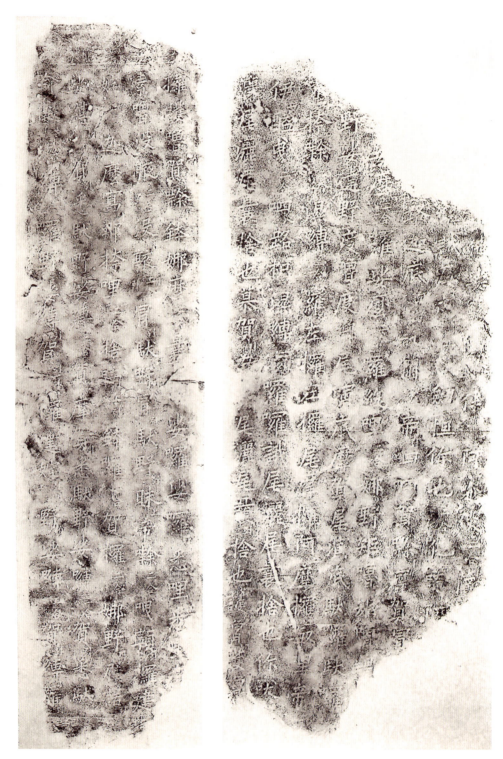

图135.图133中八角经幢的拓本

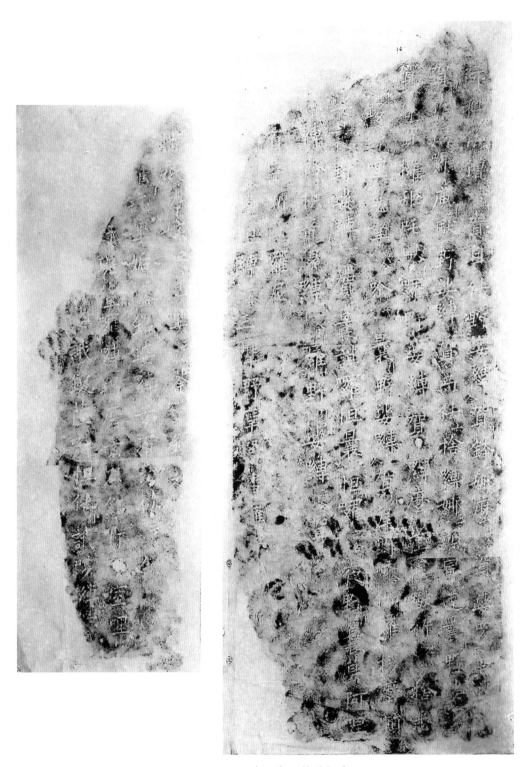

图136.图133中八角经幢的拓本

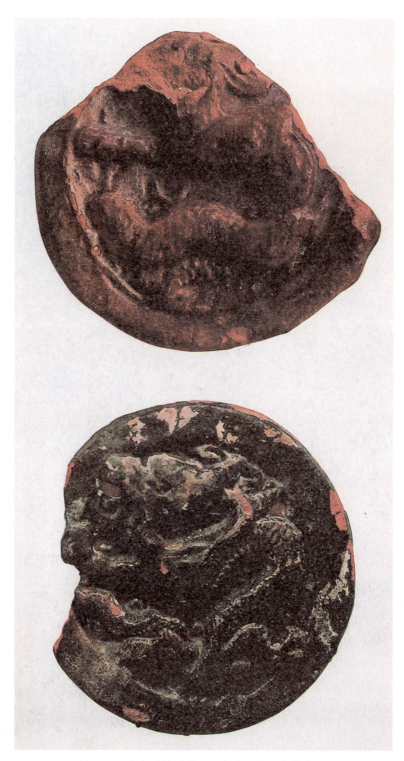

图137.辽代庆州城的筒瓦,上有龙纹,实物较大

图138.庆州城附近收集的三个绿色筒瓦

图139.庆州城内收集的绿色筒瓦

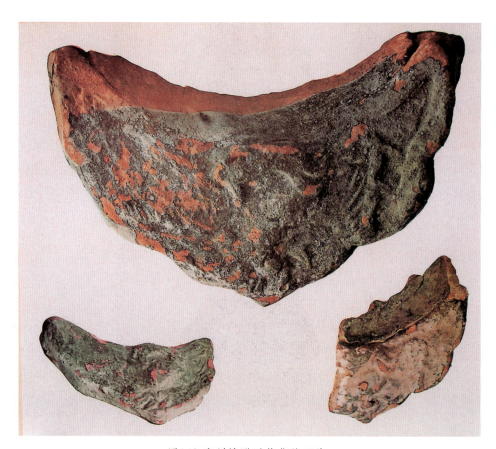

图140.庆州城附近收集的瓦片

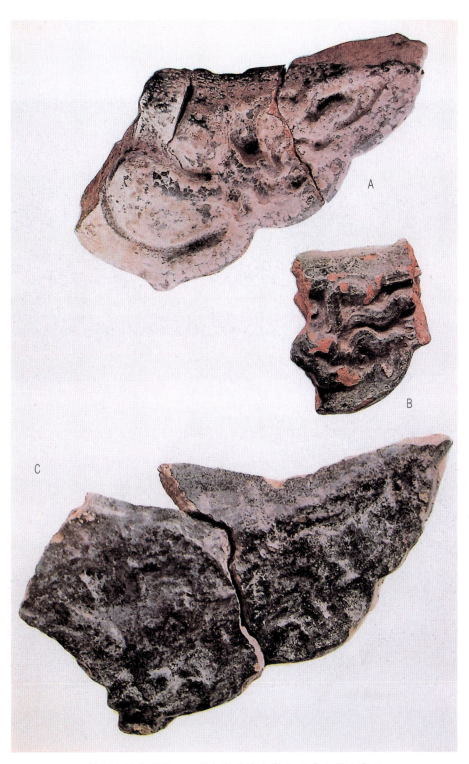

图141.辽代瓦片。A、B在庆州城内发现,C在土城内发现

图142.庆州城内发现的辽代瓦片

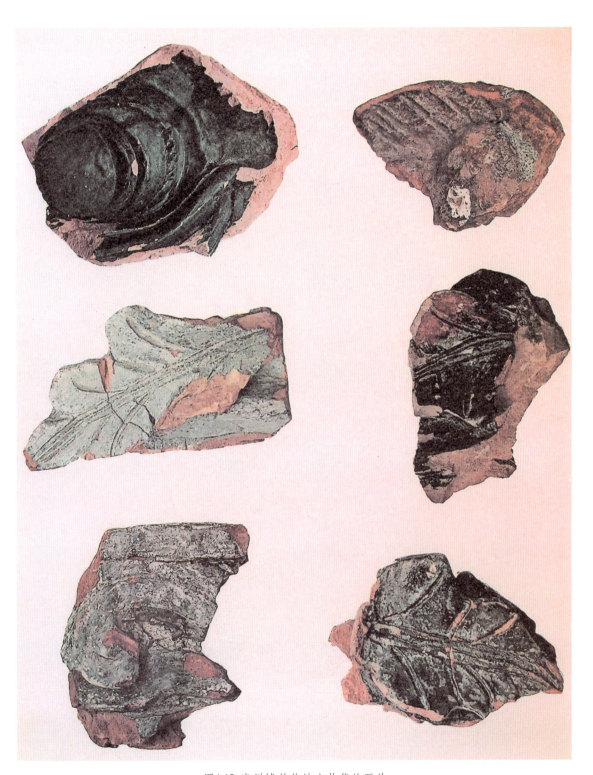

图143.庆州城其他地方收集的瓦片

图144.庆州城内发现的鸱尾碎片

图145.庆州城北发现的酒壶

图146.刻有鹿雕的鹿山全景

图147.鹿山岩石表面的鹿形雕刻。居民区常出现此类雕刻

图148.鹿山岩石表面的鹿形雕刻

图149.鹿山岩石表面的鹿形雕刻

图150.鹿山附近山上的石阵与石堆

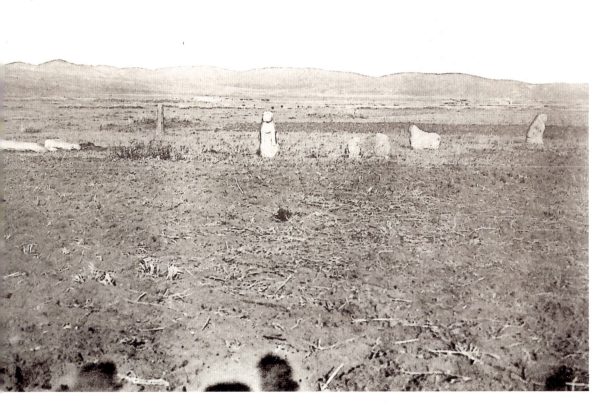

图151.鹿山西侧,辽代墓穴遗址中残存的石人、石兽、陀罗尼经幢

图152.图151墓穴中残存的石人

图153.图151墓穴中残存的石人

图154.图151墓穴中残存的石人

A

B

图155.图151墓穴中残存的石羊（A）及石虎（B）

图156.图151墓穴中残存的陀罗尼经幢

图157.巴林左旗残存的辽代千佛石碑各面

图158.千佛石碑

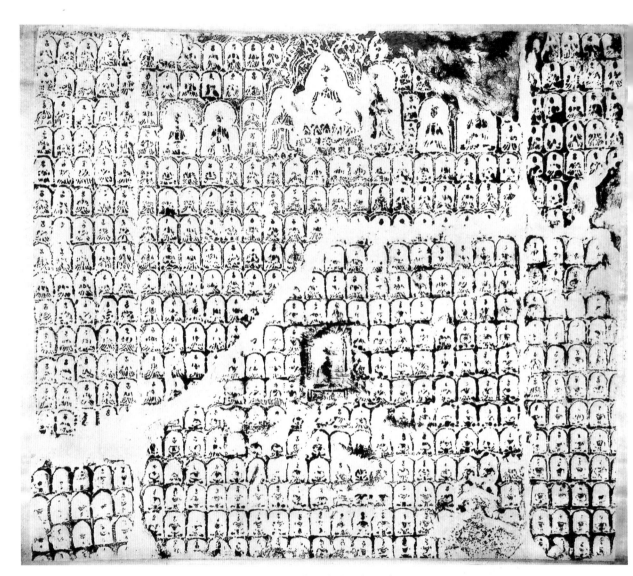

图159.千佛石碑的全部拓本

图160.千佛石碑的部分写生图，鸟居绿子临摹

长城

图161.鹿山以西金界壕遗址附近的辽代墓穴遗址。拍摄于巨石遗址北侧的山丘上

长城

图162.图161近景。在北侧山丘上能看见巨石遗址

长城——→

图163.金界壕遗址位于有石人雕像的墓穴遗址东侧

图164.与金界壕遗址相接的土墙（当时的守兵驻扎之所）

A

B

C

图165.金界壕遗址与长城土砖细节。
A为从山顶延伸至山脚的金界壕遗址,B为由土砖堆积成的长城近景,C为土砖近景

长城

长城

图166.从查干木伦河中游到丘陵上的金界壕遗址

长城

长城

图167.查干木伦河中游的金界壕遗址

长城

长城

长城

长城

图168.查干木伦河中游的金界壕遗址

瓦林乌拉山的
三座辽墓

说　明

　　巴林右旗庆州城遗址以北的瓦林乌拉山（War manha或War-in manha）上有三座辽墓（圣宗墓、兴宗墓、道宗墓）。瓦林乌拉的意思是有瓦砾的沙丘，这座山上四处散落着辽代残存的有色瓦片、陶瓷器碎片等，数量非常多，因此得名。三座陵墓的位置如图169所示，自东向西朝南排列。

　　陵墓所在之处有许多岩石凸起，有三泉从此流出，蒙古语称为"Korban-borok"，意为三泉之源。这三座陵墓如图169所示，以四处凸起的岩石为背景，埋藏于前方地区的地下。然后是陵墓的山麓地区，那一带有一座沙丘，也就是蒙古语中的"Chagan muren"，查干木伦河在陵墓以东流淌。

　　在上文提及的三座陵墓中，西边的那座有确切的碑铭，可知为道宗皇帝的陵墓，但是另外两座陵墓现在还不能确定哪个是圣宗的，哪个是兴宗的。

　　我从昭和五年（1930年）开始在此地进行调查时，就将东边的那座陵墓称为东陵，中间的称为中陵，西边的称为西陵（也就是道宗的陵墓）。第三章只介绍三陵中的东陵和中陵，西陵的相关介绍与展示放在了第四章中。

　　图170—227展示了东陵内部和外部的状态，以及陵墓内部留存的文物等。东陵与其他陵墓相同，同样位于地下，由砖块砌垒而成。有圆锥形墓室六间，大小不一，墓室之间有通道连接。墓室形状来源于蒙古人在生活中使用的蒙古包。

　　陵墓的入口、屋檐一直到陵墓内部的墙壁、天花板全部用灰泥覆盖，其表面还绘有彩色的壁画以及美丽的装饰花纹。其中，壁画为彩绘人物，绘于通道两侧以及墓室内部，人物体型都很大，展示了契丹人的形象及其风俗。并且这些人物全部是男子的形象，每人肩膀上都附有契丹文署名。中央墓室中，东西南北分别为春夏秋冬的彩色山水画。墓室天花板上还绘制有同时代的装饰花纹图样。

　　本章中所展示的木偶都放置在陵墓内棺材的两侧，是研究契丹风俗的重要资料。另外，棺材、明器中还有使用过的木制装饰残片。图227展示了陵墓内各墓室的木柱等残片。

　　接下来的图228—233展示了辽代中陵。如图所示，中陵被破坏得较为严重，陵墓内的水不断涌出，导致陵墓浸水。所以与其他陵墓相比，中陵应该是最令人惋惜的。不过，中陵的内部构造以及壁画等装饰应与东陵一致。

　　图234—250展示了中陵前方土丘上的文物遗迹，这些都是为了中陵而建造的。其中，图234、235展示了望仙殿遗址。图236为望仙殿遗址旁边残存的遗留物，包括陀罗尼经幢以及

经幢的基座。这里残存的陀罗尼经幢中,有大理石材质的八角经幢,上刻梵文陀罗尼(图241、242),附图243、244作比较参考。图245—253为大理石八角佛幢,四面刻金刚界四佛像,其余四面刻菩萨以及僧人象。石幢幢座(图237—240)上展现的雕刻技艺和设计理念,着实体现了辽代鼎盛时期的艺术水准,应与刻有四佛像的石幢一同作为辽代艺术品被珍视。

图254—261展示了辽代道宗皇帝陵墓(西陵)的外部和内部以及从远处眺望的景象。西陵的构造、形状与东陵和中陵一致,但今日我们所看见的西陵已经遭受了很大的破坏。

图264—268为陵墓内现存的道宗皇帝的汉文、契丹文哀册篆盖。与此相同,图269—273为宣懿皇后的汉文、契丹文哀册篆盖。这些哀册上的汉文与契丹文一一对应,为对照翻译。道宗皇帝的为两页汉文、两页契丹文,宣懿皇后的亦为两页汉文、两页契丹文。

从《辽史》《契丹国志》等资料中可知,契丹人创造并使用了契丹文,但之前还未能看到确切的契丹文字,更没有契丹文字所写的文章。因为在陵墓内发现了这些契丹文哀册,之前的疑问才得以解决,实在可称万幸。

图262、263所示的木制小狗被放置在该陵墓的入口处,这里除了这只狗本应还有其他兽类,可惜都已不在了。

图274—277展示了此陵墓内发掘的三个头盖骨,这些头盖骨被丢弃在陵墓的前方。

图278为该陵墓所在山丘下的一座城址。图279为从该陵墓望向山下瓦林乌拉一带的景象。

图280、281展示了辽圣宗皇帝的汉文哀册以及篆盖。图282、283是仁德皇后(辽圣宗皇后),图284—286是钦哀皇后(辽圣宗皇后),图287—291是仁懿皇后(辽兴宗皇后)的汉文哀册以及篆盖。以上哀册均以汉文书写,附有装饰花纹,展现了辽代艺术,颇具研究价值。图292、图293为大辽相国贾公的墓志铭篆盖。

西陵   中陵   东陵

图169.瓦林乌拉山地形以及此处的东陵、中陵与西陵三座陵墓

图170.东陵陵门

图171.近看陵门

图172.瓦林乌拉山东陵全景

图173.东陵垫土及入口

图174.东陵入口

图175.东陵入口上方

图176.东陵入口上方的瓦片（图175入口处的瓦片）

图177.东陵入口处砖块上所绘装饰图案

图178.东陵入口上方的拱

图179.图178所示东陵入口处拱上的图案（鸟居绿子摹绘）

图180.东陵入口道路两旁墙壁所绘人物（右侧），肩膀上所写为契丹文字

图181.东陵入口道路两旁墙壁所绘人物（左侧）

图182.从东陵内部望向入口以及天花板

图183.东陵甬道两旁墙壁所绘人物（右侧），肩膀上所写为契丹文字

图184.东陵甬道两旁墙壁所绘人物（左侧），肩膀上所写为契丹文字，三人中左侧一人在弹琵琶

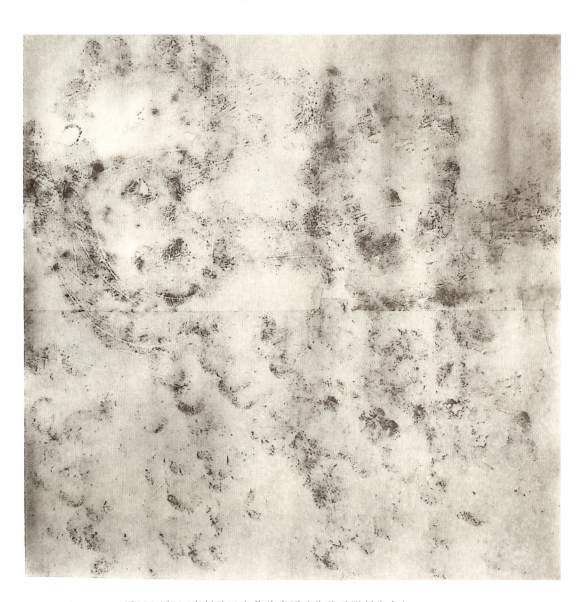

图185.图184左侧壁画人物的底图（线绘于阴刻线上）

图186.图184东陵内部壁画人物摹本（鸟居绿子摹绘）

图187.东陵内部二人壁画 　　图188.东陵侧室入口及深处墙壁上所绘人物和天花板上
的装饰花纹

图189.东陵内部壁画（图188入口左侧人物）　　　　　　图190.从东陵第一室看右室内部人物壁画

图191.东陵内部人物壁画,肩膀上所写为契丹文字

图192.东陵内部人物壁画

图193.东陵内部人物壁画,肩膀上所写为契丹文字

图194.图193壁画中的人物摹本（鸟居绿子摹绘）

图195.东陵内部人物壁画，肩膀上所写为契丹文字

图196.图195壁画中的人物摹本（鸟居绿子摹绘）

图197.东陵内部人物壁画

图198.东陵内部壁画所绘人物以及花草（鸟居绿子摹绘）

图199.东陵内部左右两室的人物壁画

图200.东陵内部人物壁画

图201.东陵左右两室的入口

图202.从东陵有风景画的中央墓室看里室的入口以及天花板

图203.东陵中央墓室的天花板装饰花纹

图204.从东陵中央墓室内望向入口以及天花板

图205.东陵中央墓室内山水壁画（春）

图206.东陵中央墓室内部山水壁画（夏）

图207.东陵中央墓室内部山水壁画（秋）

图208.图207秋季山水壁画摹本（鸟居绿子摹绘）

图209.我的女儿绿子摹绘图207山水壁画的景象

图210.东陵中央墓室内山水壁画（冬）

图211.望向东陵第一室以及中央墓室，人物右侧是冬季山水壁画的位置

A

B

C

图212.东陵内部风景画中的花草（鸟居绿子摹绘）。
分别为野菊（A）、百合与瞿麦（B）、蒲公英（C）

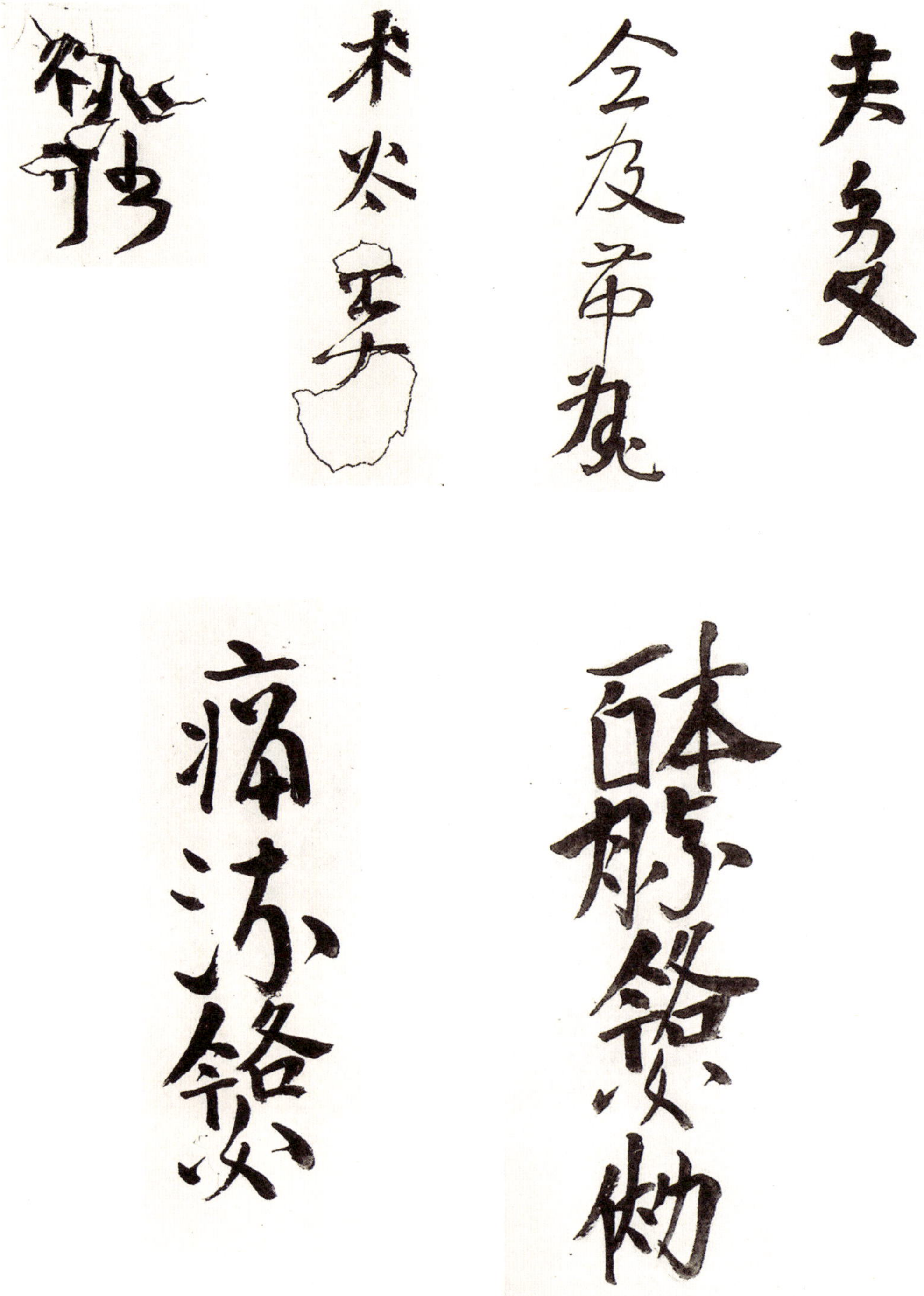

图213.东陵内部壁画人物肩膀上的契丹文字

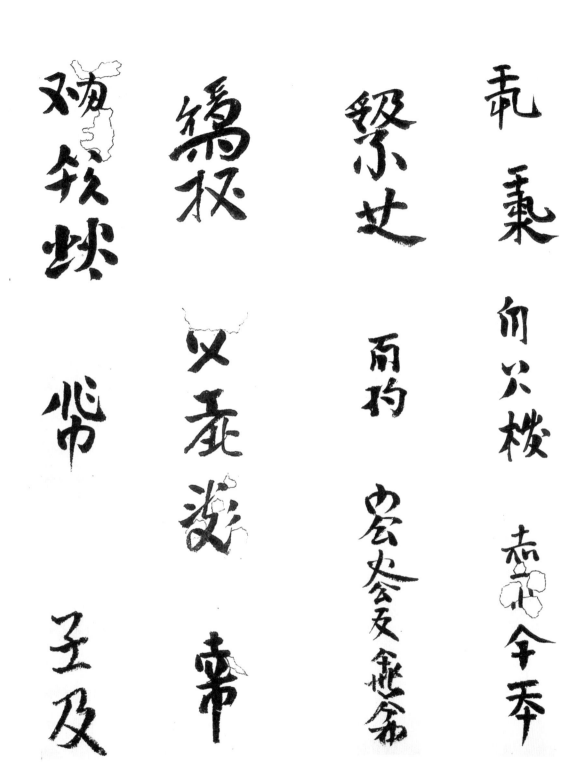

图214.东陵内部壁画人物肩膀上的契丹文字　　　　　图215.东陵内部壁画人物肩膀上的契丹文字

图216.东陵内部残存的身着汉服的木偶（童子）侧面、正面、背面

图217.图216木偶正面上色图（鸟居
绿子摹绘）

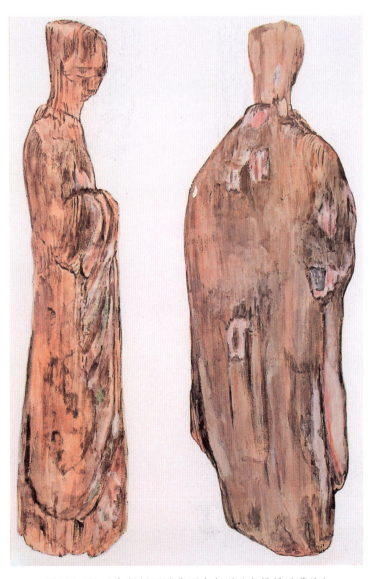

图218.图216木偶侧面及背面上色图（鸟居绿子摹绘）

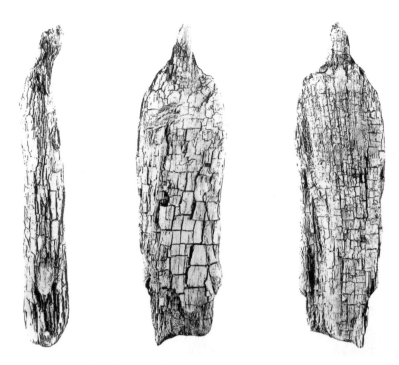

图219.东陵内部残存的身着汉服的木偶（男子）侧面、正面、背面

图220.东陵内部残存的身着契丹服饰的木偶（男子）背面、正面、侧面

图221.图220木偶的正面上色图（鸟居
绿子摹绘）

图222.图220木偶的背面以及侧面上色图（鸟居绿子摹绘）

图223.东陵内部残存的身着契丹服饰的木偶（男子）背面、正面、侧面

图224.东陵内部残存的木棺以及其他木制装饰残片

图225.东陵内部残存的木棺以及其他木制装饰残片

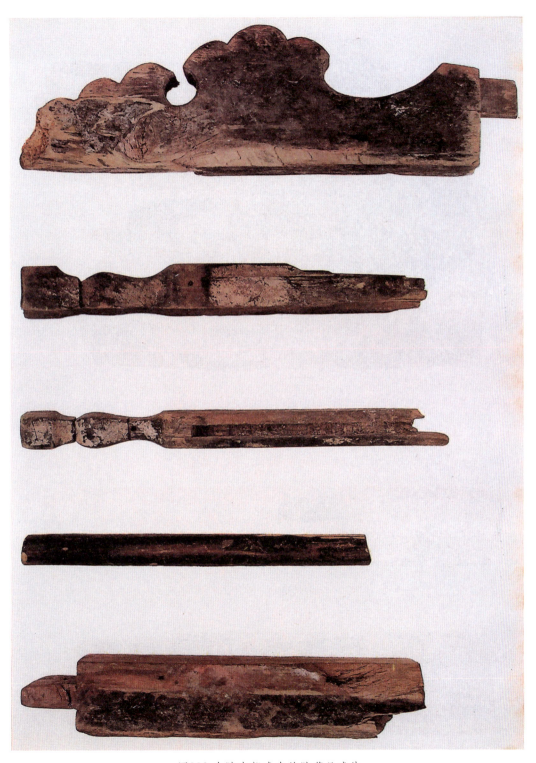

图226.东陵内部残存的陪葬品残片

图227.东陵内部建筑木材残片

中陵

图228.从东陵望向辽中陵

中陵

图229.仰望辽中陵

图230.中陵入口（陵墓砖造而成）

图231.中陵内部状态（陵墓砖造而成）

图232.中陵内部状态，部分墓室浸水

图233.穿过中陵侧边的洞

图234.中陵附近的望仙殿遗址（？）①

图234.中陵附近的望仙殿遗址（？）

图236.中陵望仙殿遗址（？）附近的石幢（右侧）以及幢座（中央以及左侧）

图237.石幢以及幢座（位于图236中央）

图238.石幢幢座（位于图236左侧）

图239.石幢幢座（位于图236左侧）

图240.石幢幢座（位于图236左侧）

图241.中陵望仙殿遗址（？）附近残存的八角陀罗尼经幢（刻有梵文的陀罗尼经幢）

图242.图241中刻有梵文的陀罗尼经幢的放大图

图243.扎赉特旗与八面城遗址残存的八角陀罗尼经幢残片。
扎赉特旗残存的刻有梵文的八角陀罗尼经幢（A）（哈尔滨市博物馆收藏）
八面城遗址残存的八角陀罗尼经幢残片（B）（八面城内某市个庙宇收藏）

图244. 图243所展示的八角陀罗尼经幢（A）的梵文拓本（哈尔滨市博物馆收藏）

图245.中陵望仙殿遗址（？）附近残存的刻有佛像、菩萨像的八角陀罗尼经幢（位于图236右侧）

图246.八角陀罗尼经幢（位于图236右侧）

图247.八角陀罗尼经幢（位于图236右侧）

图248.八角陀罗尼经幢（位于图236右侧）

图249.八角陀罗尼经幢（位于图236右侧）

图250.八角陀罗尼经幢（位于图236右侧）上雕刻的佛像及菩萨像的拓本

图251.八角陀罗尼经幢（位于图236右侧）上雕刻的佛像及菩萨像的拓本

图252.八角陀罗尼经幢（位于图236右侧）上雕刻的佛像及菩萨像的拓本

图253.八角陀罗尼经幢（位于图236右侧）上雕刻的佛像及菩萨像的拓本

图254.从陵门望向瓦林乌拉山的辽道宗陵墓（西陵）

图255.辽道宗陵墓入口状态

图256.道宗陵墓正面入口处的椽子。左侧为局部,右侧为全貌

图257.道宗陵墓通道墙壁上雕刻的人物像痕迹

图258.道宗陵墓内部局部

图259.道宗陵墓内部状态

图260.道宗陵墓中央大厅天花板上开的一个洞（B）和堵住洞的石头（A）

图261.道宗陵墓中央大厅天花板仰视图

      A   B   C

图262.放置于道宗陵墓入口处的木制小狗
背面（A）、正面（B）、侧面（C）（菊竹氏所藏）

                                      东洋镜：考古学上所见辽之文化图谱 ｜ 228

图263.图262所示木制小狗局部放大图

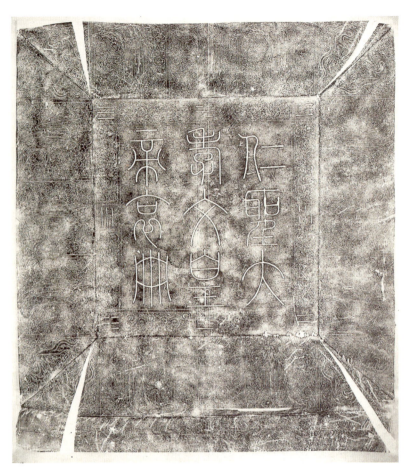

图264.辽道宗哀册篆盖上的汉文（拓本）

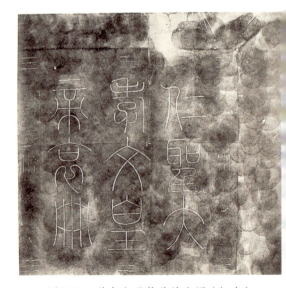

图265.辽道宗哀册篆盖放大图（拓本）

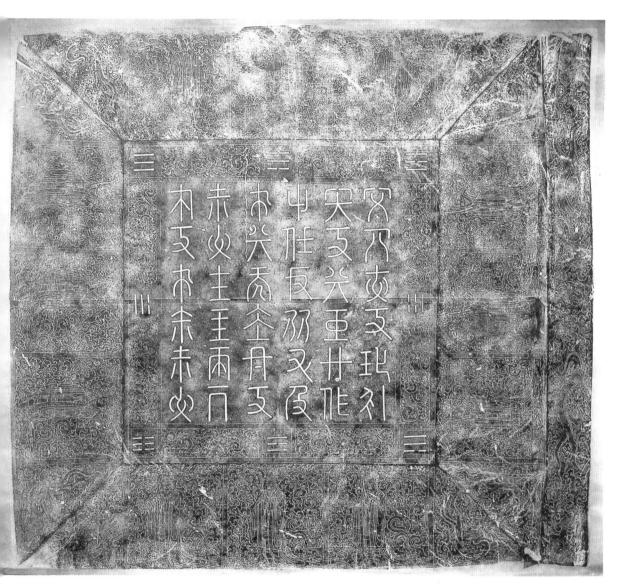

图266.图264所示辽道宗哀册篆盖上的契丹文（拓本）

图261. 辽道宗哀册上的汉文（拓本）

图268.图267所示辽道宗哀册上的契丹文（拓本）

图269.宣懿皇后（辽道宗皇后）哀册篆盖上的汉文（拓本）

图270.图269所示宣懿皇后哀册篆盖上的契丹文（拓本）

图271.宣懿皇后哀册上的汉文（拓本）

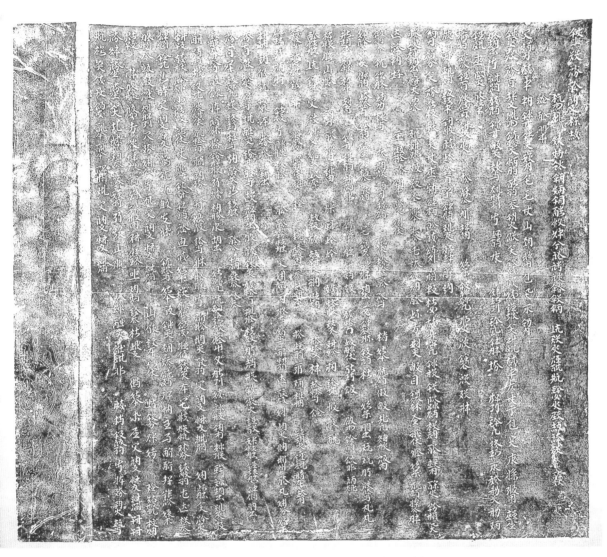

图272.图271所示宣懿皇后哀册上的契丹文（拓本）

图273.契丹文所写的宣懿皇后哀册（拓本）

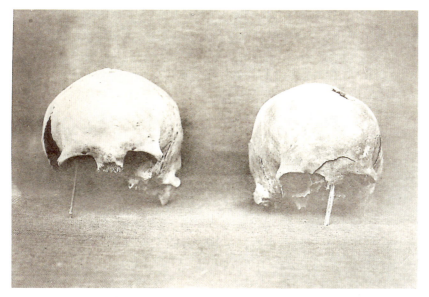

A1   B1

A2   B2

图274.道宗陵墓内残存的头盖骨
（A1、B1为正面，A2、B2为侧面）

A3　　　　　　　　　　　　　B3

A4　　　　　　　　　　　　　B4

图275.道宗陵墓内残存的头盖骨
（A3、B3为头顶，A4、B4为背面）

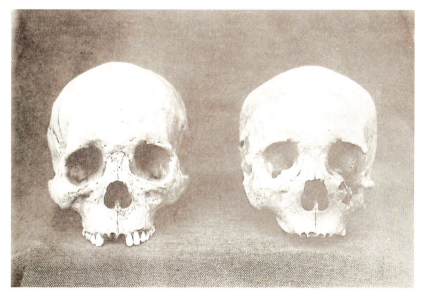

C1   D1

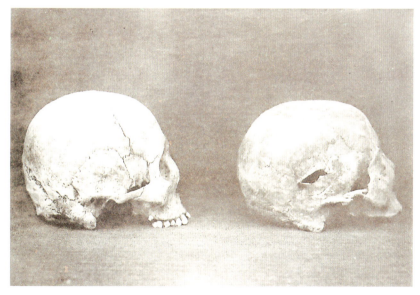

C2   D2

图276.道宗陵墓内残存的头盖骨
（C1、D1为正面，C2、D2为侧面）

C3   D3

C4   D4

图277.道宗陵墓内残存的头盖骨
（C3、D3为头顶，C4、D4为背面）

图278.瓦林乌拉山道宗陵墓下城址的城门处

图279.从道宗陵墓所在的山上望向瓦林乌拉山一带

图280.辽圣宗哀册篆盖（拓本）

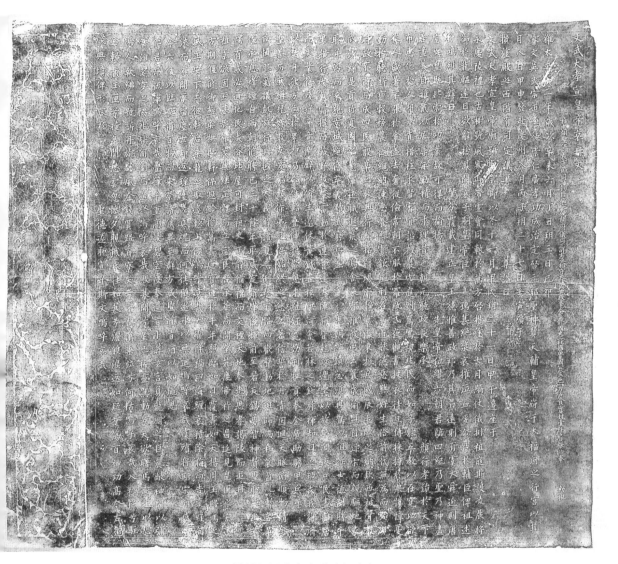

图281.辽圣宗哀册（拓本）

图282.仁德皇后（辽圣宗皇后）哀册篆盖（拓本）

維大康七年歲次辛酉十月甲寅朔八日辛酉先諡
仁德皇后蕭氏發自祖州西之玄寢遷祔乎永慶陵禮也歲館均時應
鍾肇律卣仗煙凝重岡霧尉望神座之浦安卻靈輀之將出嗣孫皇帝
墓深軫孝思固存哀临遵遺旨以披誠考舊章而備物温詔俄宣徽猷
載述詞曰
坤順而正承乱以行月隨而運績日之朏陰體至靜陽用而生后德中
助帝功大成唐媛興嬀塗山冀夏娀贊殷昌嬿禕周化泰漢已還隋唐
而下我國迷隆其賢相亞曾沙瑞集剖石文禕覆王人異鑄金像全極
僬而已偍妹之然義昭配地虢峻齊天體軒之星儲嬎之宿薜顏旣芳
蘭儀亦郁演歩圖書浣濯律鞠木詞能關雎詠淑柔嘉婉麗慈愛謙芳
圻坼璜綴節維功寵專萬乘教被六宮元思易失至美難終嗚呼
哀哉奄促於儜遊戾玄寧躬嚴於時祭攀鼎駕以何階悵藹而永閟
孝宣奮促於儜遊戾玄寧躬嚴於時祭攀鼎駕以何階悵藹而永閟
契雷雨之澤不流嗚呼哀哉垂懿範于層城之下散叔風于大邦
之傷啓攢于別殿歸以無期守禋祀者望西陵而昌巳閟梓椁終芳
如流水從宴樂者思北園以無期守禋祀者望西陵而昌巳閟梓椁終芳
芳迸五十年隔松阡兮嚮二百里嗚呼哀哉彼定命兮既往此飾想
可追列太廟之遺像兮宛爾其質存曲臺之舊冊兮煥乎其辭想
興皇屬之語兮有靈而潛知謂爰徇僉輿之議方陳徙合之儀嗚呼哀
聖宗誌記之地兮有時而同歸爰徇僉輿之議方陳徙合之儀嗚呼哀
哉惟帝封路兮日影重簫鼓鳴兮逗古陌以淒霜駐空林而
慘月當初之夜堅孤令夕魂来兮慶雲之陽人神協意兮沉歲關兮嗚呼哀
祖考降祉兮無疆惟餘芳之萬萬兮與地久兮天長嗚呼哀哉

图283.仁德皇后哀册（拓本）

图284.钦哀皇后（辽圣宗皇后）哀册篆盖（拓本）

图285.钦哀皇后哀册篆盖放大图（拓本）

图286.钦哀皇后哀册（拓本）

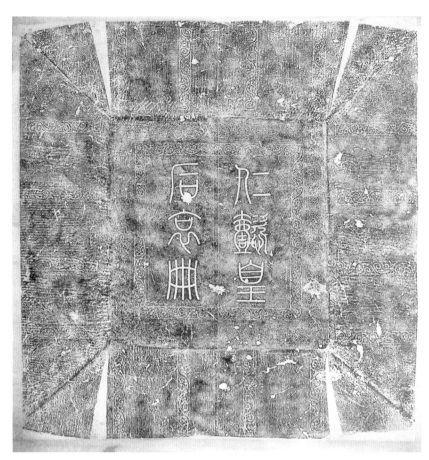

图287.仁懿皇后（辽兴宗皇后）哀册篆盖（拓本）

图288.仁懿皇后哀册篆盖放大图（拓本）

图289.图288所示仁懿皇后哀册篆盖上的文字以及装
饰人物放大图（拓本）

图290.仁懿皇后哀册篆盖局部（拓本）

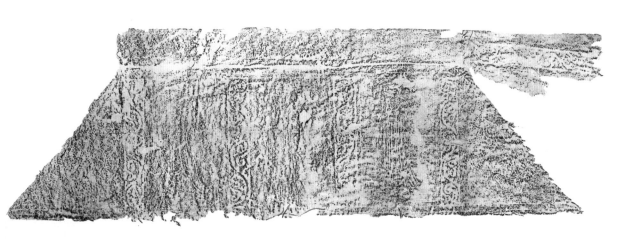

图291.仁懿皇后哀册篆盖局部（拓本）

图292.大辽相国贾公的墓志铭篆盖

图293.和图292在一起的铭文

第四章

瓦林乌拉山的瓦砾残骸
与辽都中京遗迹遗址

说 明

图294—304展示了东陵、中陵、西陵(道宗陵墓)及其外部、瓦林乌拉山以及其他城址中出土的陶瓷器和砖瓦等,为辽代的考古学研究提供了珍贵的参考资料。

图305—337全是与辽代中京都城有关的事物。图305—307展示了中京现在的状态。辽代中京都城位于热河省宁城县内(今内蒙古赤峰市宁城县大明镇)白塔子镇的老哈河畔。

图308—316展示了位于辽代中京都城内的大塔。这座塔由砖建造而成,共十三层,八角形结构。塔的下层面上有佛、菩萨、明王像,这是表述《大妙金刚大甘露军拏利焰鬘炽盛佛顶经》经义的曼荼罗。该塔是现存最大的辽塔。

城内除了这座大塔还有一座小塔(图318—320),城外有两座已经被破坏的砖塔(图321、322)。

图323—337为中京城内以及城外残存的石人、石狮子、石塔、石刻、碑文、刻有契丹文字的砖和陶器的碎片等,与城内残存的遗物一样,都是十分具有研究价值的资料。

在这些文物中,石人最为值得注意。图324中的石人,我猜想应该是辽代某一位皇帝的石像,目前尚无根据断定。

图294.瓦林乌拉山上收集的绿色瓦片

图295.瓦林乌拉山上收集的两枚绿色瓦片

图296.东陵遗址上发现的瓦片

图297.瓦林乌拉山等地收集的几枚彩色瓦片

图298.瓦林乌拉山上收集的两枚绿色瓦片

图299.瓦林乌拉山等地收集的四枚绿色瓦片

图300.瓦林乌拉山等地收集的彩色瓦片

图301.各古城遗址内收集的彩色砖瓦

图302.根据瓦林乌拉山辽墓内残存的陶器所绘之图

图303.根据瓦林乌拉山辽墓内残存的陶器所绘之图

图304.根据瓦林乌拉山辽墓内残存的陶器所绘之图,左侧器皿上的文字是契丹文字

图305.辽代中京都城遗址全景

图306.辽代中京都城遗址全景

图307.辽代中京都城南侧的城墙以及城门遗迹。
一旁流过的是老哈河

图308.辽代中京都城遗址内十三层八角砖塔全景

图309.砖塔南面是金刚界大日如来像。
大日如来左右的满文以及下方的"卐"字标志为后期添加

图310.图309所示砖塔上大日如来像放大图

图311.砖塔东南面

图312、砖塔东面

图313.砖塔东北面

图314.砖塔北面

图315.砖塔西北面

图316.砖塔西面

图317.砖塔西南面

图318.辽代中京都城遗址内十三层八角小砖塔

图319.小砖塔局部

图320.小砖塔局部

图321.辽代中京都城南门遗址外八角砖塔（上层破损）

图322.破损砖塔放大图

图323.辽代中京都城遗址内残存的石人

A B C

图324. 图323中的石人放大图。
侧面（A）、正面（B）及背面（C）

A　　　　　　　　　　　　　　　B

图325.辽代中京都城遗址内残存的石人。
背面（A）及正面（B）

图326.辽代中京都城遗址内残存的石狮子

图327.辽代中京都城遗址内残存的石狮子

图328.图327中的石狮子放大图。
A是图327中右侧的文物,B是图327中左侧的文物

图329.辽代中京都城遗址内残存的石狮子

图330.用收集的辽代中京都城遗址内残存的各石塔屋檐堆积起来的东西

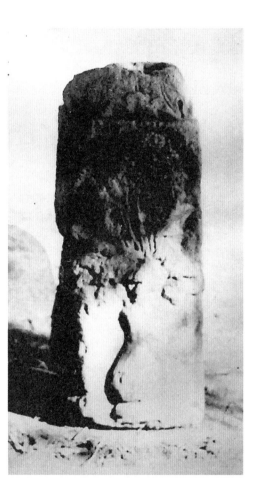

A

B

图331.刻有瓶中牡丹花的石刻（A）及其拓本（B）

图332.辽代中京都城南门遗址外残存的画像石之一

图333.辽代中京都城遗址内残存的碑文（正面）

图334.辽代中京都城遗址内残存的碑文（图333的背面）

图335.辽代中京都城南门遗址外残存的学府碑文。A是上半部分,B是学府碑文题额表面的碑文,C是学府碑文题额背面的碑文

图336.辽代中京都城遗址内出土的刻有契丹文字的砖块残片

图337.辽代中京都城遗址内收集到的陶器残片

图338.辽代中京都城遗址内收集到的陶器残片

PUBLISHED BOOKS IN THIS SERIES